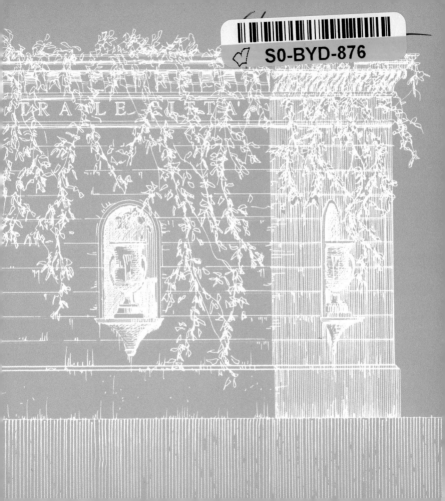

# RÊVE D'ITALIE

PIER CARLO BONTEMPI

Photographies de / Fotografie di / Photographs of
**MAURO DAVOLI**

Collection dirigée par / A cura di / Edited by
**MAURICE CULOT**

A A M
ÉDITIONS

RÊVE D'ITALIE ................................................................ 5

FONTI DI MATILDE ........................................... 21
REGGIO EMILIA

VILLA BORELLI ................................................ 27
SPAGNANO

L'ALTANELLA DI VILLA CANALI ........................... 35
REGGIO EMILIA

ISOLATO SANT' ANNA ...................................... 37
FORNOVO DI TARO

BORGO DI FONTANAMORA ............................. 43
VARANO MELEGARI

CORTE DI VIA COLLEGATI ................................ 47
FORNOVO DI TARO

BORGO SANTA COSTANZA .............................. 51
FORNOVO DI TARO

PLACE DE TOSCANE ....................................... 55
VAL D'EUROPE

STUDIO BONTEMPI ........................................... 61

Villa Borelli, Spagnano.

# RÊVE D'ITALIE

En nous promenant à travers les bourgades, les villages et les villes historiques parmi le merveilleux paysage italien, nous sommes vite pénétrés par l'esprit de beauté qui nous entoure et nous envahit naturellement. Nous avons immédiatement la sensation que dans ces lieux enchanteurs, le bonheur auquel chacun d'entre nous aspire semble à portée de main.

Ce paysage italien est le fruit unique de trois mille ans de modelé. Les montagnes, les collines, les plaines, les côtes maritimes illimitées ont été apprivoisées par des hommes qui, avec une science de plus en plus consommée, ont édifié des maisons, tracé des routes, aménagé des ports, bâti des villages et des villes. Chaque contribution nouvelle est en harmonie avec le caractère des lieux. Ici la nature n'a pas été abîmée, mais enrichie par une infinité de produits manufacturés, des plus simples aux plus fastueux. À partir d'un travail millénaire, s'est progressivement constitué un extraordinaire chef-d'œuvre porté par une grande tradition. Une tradition perfectionnée dans la durée et qui est faite, non de récurrences, mais d'inventions réussies.

Dans la cuisine traditionnelle du pays où je vis, l'un des mets les plus significatifs est « i tortelli » à la courge, or la

Villa Borelli, Spagnano.

Albergo Torre, San Michele Tiorre.

5

courge est un légume hérité des Indiens d'Amérique. Ceci pour signifier à quel point les transmissions culturelles et les échanges sont à l'origine des transformations d'un savoir-faire qui, de la gastronomie à l'architecture, régit la qualité de notre vie au quotidien. J'habite à la campagne, au pied des premières collines du sud de la ville de Parme, mais grâce à la technologie actuelle, mes projets voyagent aisément vers de lointaines contrées. Néanmoins je cherche toujours, même à des milliers de kilomètres, à ne pas oublier l'esprit italien qui me distingue profondément.

Je construis des maisons, des places, des quartiers, j'interviens dans des villages et des villes, en me basant à chaque fois sur les modèles typologiques et les techniques constructives de l'architecture traditionnelle propres aux lieux où j'opère. En regardant autour de moi, je m'aperçois que la plus modeste des constructions traditionnelles, la plus simple des parcelles urbaines des villes historiques, offre un « confort » aux habitants bien supérieur à toute invention technologique ou à toutes fantaisies métropolitaines. Je parle de « confort », car je crois que le devoir moral d'offrir aux personnes un environnement quotidien qui favorise au mieux une vie sereine fait partie de mon métier.

L'ensemble de mes choix en faveur de la construction traditionnelle est moins dicté par une préférence stylistique que par ce constat évident que l'architecture et la

Monastero di Caberra, Bardi.

ville historique constituent une distillation savante, un composé de culture, d'harmonie technique et formelle. Ceux qui vivent au quotidien ou occasionnellement à l'intérieur de bâtiments ou de lieux traditionnels en Italie peuvent parfaitement saisir mon propos. Les dimensions des villes, les relations entre les bâtiments, les places et les rues, les caractéristiques constructives des maisons témoignent de cet aboutissement. La beauté qui s'en dégage ne nous parle pas seulement d'un passé révolu mais est une invitation à poursuivre dans la même voie.

# RÊVE D'ITALIE

Passeggiando per borghi, paesi, città storiche nel bel paesaggio italiano, si è spesso contagiati da un senso di bellezza che naturalmente ci circonda e ci pervade. E subito sentiamo che in luoghi così belli forse potrebbe essere più facile vivere e vivere bene. La bellezza diviene così davvero una promessa di felicità e ad essa ognuno di noi aspira.

Nell'arco di circa 3000 anni in Italia si è andato dunque formando un paesaggio costruito fatto di bellezze naturali di grande varietà (montagne, colline, pianure ed un infinità di coste di mare), che l'uomo ha addomesticato costruendovi, con una sapienza via via più perfezionata, case e strade, ponti, porti, villaggi e città diversi tra di loro, ma straordinariamente in armonia con il carattere dei luoghi dove queste costruzioni venivano realizzate. E la loro realizzazione, anziché distruggere la natura incontaminata di questi luoghi, la arricchiva di un'infinita varietà di manufatti, dai più semplici a quelli più sontuosi. E' nato così, da un lavoro millenario, questo straordinario capolavoro.

Una grande tradizione si è sviluppata, cambiando e perfezionandosi continuamente nel tempo, una tradizione non costantemente ripetitiva, ma fatta di invenzioni

Borgo Santa Costanza,
Fornovo di Taro.

Casa Davoli, Vizzola.

riuscite. Nella cucina tradizionale della terra dove abito, uno dei piatti più significativi sono i tortelli di zucca, ma la zucca è un ortaggio che abbiamo ereditato dai pellerossa d'america. Questo fa capire come le contaminazioni culturali e gli scambi sono alla base delle trasformazioni di un sapere quotidiano, dalla gastronomia all'architettura, che presiede alla qualità della nostra vita.

Abito in campagna sulle prime colline a sud della città di Parma, ma i miei progetti facilmente viaggiano, con la tecnologia attuale, verso luoghi lontani. Cerco però di non dimenticare anche progettando a migliaia di chilometri di distanza, lo spirito italiano che profondamente ci contraddistingue.

Costruisco case, piazze, borghi, pezzi di paesi e di città, riprendendo i modelli tipologici e le tecniche costruttive dell'architettura tradizionale dei luoghi dove di volta in volta mi trovo ad operare. Guardandomi attorno, infatti, vedevo che anche la più modesta delle costruzioni tradizionali, il più semplice dei pezzi urbani di città storica, avevano la possibilità di offrire un "conforto" alle persone che li abitano, ben più grande di qualsiasi invenzione tecnologica e di tutte le stranezze metropolitane. Parlo di conforto perché credo che il mio mestiere abbia questo gran dovere morale di offrire alle persone un ambiente quotidiano che favorisca una vita più serena possibile.

Borgo Santa Costanza,
Fornovo di Taro.

Queste mie scelte in favore dell'edilizia tradizionale sono dettate non tanto da una preferenza stilistica ma piuttosto dalla constatazione, che rimane tuttora insuperata, di quel prezioso distillato di conoscenza, armonia tecnica e formale, che è l'architettura e la città storica.

Coloro che quotidianamente o di tanto in tanto si trovano a vivere in edifici e luoghi tradizionali in Italia, possono ben capire tutto questo. Le dimensioni delle città, i rapporti tra edifici piazze e strade, le caratteristiche costruttive delle case, non lasciano dubbi e ci convincono con la loro bellezza.

# RÊVE D'ITALIE

When strolling through the historic villages, towns, and landscapes of rural Italy, we are often overcome by the pervasive sense of beauty that naturally surrounds us. Immediately we understand that in places such as these, it is easier not only to live but to live well. Thus beauty is transformed into a promise of contentment; a goal toward which we all aspire. Over the course of the past 3,000 years, the Italian landscape has played a critical role in the articulation of the built environment, its tremendous natural assets (mountains, hills, plains and extensive coastline) modulating man's ever-growing knowledge of the art of building houses, streets, bridges, ports, villages and cites that are in harmony with the character of the places in which they are built. Rather than destroying the pristine nature of these places, architecture has enriched them through its wealth of building arts and crafts —from the simplest to the most sumptuous— over the course of the past three millennia. The result is the extraordinary masterpiece we enjoy today.

A great tradition has been established with the passage of time; one that is continually shaped and perfected. It is a tradition that is not based on constant repetition, but rather on successful invention.

Corte di Via Collegati,
Fornovo di Taro.

Piazza Matteotti, Modena,
Léon Krier & Pier Carlo Bontempi.

One of the most distinctive dishes of my region, for example, is pumpkin *tortelli*, a pasta whose filling is derived from a vegetable first cultivated by Native Americans. Such an example throws into high relief the importance of cultural exchange in the evolution of common knowledge (be it gastronomy or architecture), which ultimately determines the quality of our day-to-day lives.

Despite the fact that I live in the foothills south of Parma, modern technology has allowed me to carry out projects far from home. Regardless of the many kilometres that may separate me from my projects, however, I always strive to endow them with the spirit of Italy that has had such a profound impact on me.

In my designs for houses, streets, squares, and new developments in towns and villages, I equally look to the traditional typologies and building techniques unique to a given area. As I look around, I sense that even the most modest traditional buildings or the simplest urban developments in historic towns, offer their inhabitants a level of "well-being" that far surpasses that provided by technological invention or urban fantasy. I use the term well-being because I believe my profession has the moral duty to provide people with a day-to-day environment that favours a life of serenity.

My decision to promote traditional building methods has been dictated not so much by stylistic preferences as by

the undeniable, self-evident synergy –born of a harmony
that is both technical and formal– linking architecture
and the city throughout history.

Those who have occasion to live in traditional buildings
and places in Italy, be it permanently or only temporarily,
will understand this notion intuitively. The dimensions of
these towns, the relationship between their buildings,
streets, squares, and the constructive character of their
houses relieve us of all doubt as they convince us with
their unquestionable beauty.

Borgo di Fontanamora,
Varano Melegari.

15

# TORTELLI AU POTIRON

*Pour six personnes*

*Une pâte aux œufs*
*Pour la farce : 500 g de potiron, 3 œufs,*
*150 g de parmesan râpé, sel, poivre*
*et quelques biscuits amaretti (entre 4 et 6).*

- *Préparer la pâte.*
- *Cuire au four le potiron en morceaux, l'écraser*
  *et le passer au tamis.*
- *Mélanger à cette purée le parmesan râpé, les œufs,*
  *ajouter généreusement sel et poivre en raison*
  *du goût sucré du potiron.*
- *Ajouter les amaretti émiettés,*
  *4 à 6 selon votre préférence.*
- *Etirer la pâte, répartir la farce*
  *en formant des tortelli rectangulaires.*
- *Les cuire ensuite dans de l'eau bouillante salée*
  *pendant 10 minutes.*
- *Les assaisonner avec du beurre fondu et du parmesan.*

*Vin conseillé : Malvasia des collines de Parme.*

# TORTELLI DI ZUCCA

**Per 6 persone**

pasta all'uovo
Per il ripieno: 500 g di zucca gialla, 3 uova,
150 g di formaggio grattugiato, sale, pepe, amaretti.

- Preparate la pasta.
- Cuocete la zucca a pezzi nel forno, schiacciatela
  e passatela al molinetto.
- Mescolate al purè il formaggio grattugiato, le uova, regolate il sale,
  abbondate nel pepe, perché la zucca è dolciastra.
- A piacere unite degli amaretti sbriciolati.
- Tirate la sfoglia, distribuite il ripieno
  e formate dei tortelli rettangolari.
- Cuoceteli per dieci minuti in acqua bollente salata.
  - Si condiscono con burro e formaggio.

Vino consigliato:
Malvasia dei Colli di Parma.

# PUMPKIN TORTELLI

**Serves six**

An egg pasta
For the filling: 500 g of pumpkin, 3 eggs, 150 g of grated parmesan,
salt, pepper and some amaretti biscuits (between 4 and 6).

- Prepare the pasta.
- Cook the pumpkin in sections in the oven, mash
  and pass through the food mill. Mix with this puree the grated
  parmesan and the eggs, add salt and pepper generously due
  to the sweet taste of the pumpkin.
- Add the crumbled amaretti biscuits,
  preferably between 4 and 6.

- Spread out the pasta, arranging the filling to
  form rectangular parcels of tortelli.
- Boil them for 10 minutes in salted water.
- Season with melted butter and parmesan.

Recommended wine:
Malvasia from the hills of Parma.

# FONTI DI MATILDE

## REGGIO EMILIA

### Pier Carlo Bontempi & the Prince of Wales's Alumni

Un nouveau centre thermal aux sources sulfureuses s'inscrit sur les collines proches de la ville de Reggio Emilia, à proximité d'un golf. Un hôtel, des thermes, une vingtaine de maisons et une petite église composent l'ensemble résidentiel qui se déploie le long d'une route sinueuse, et fait barrage au vent du sud descendant des Apennins vers la plaine du Pô. La déclivité du terrain favorise l'intégration des places de station-nement souterraines, protégées par une bastide.

●

Un nuovo borgo termale si inserisce sulle colline vicine alla città di Reggio Emilia, in prossimità di campo da golf, con sorgenti di acque solforose. Un albergo, le terme, una ventina di case, una piccola Chiesa, compongono l'insieme di questo abitato allungato su di una strada sinuosa che lo attraversa a contrastare il vento che da Sud scende dall'Appennino verso la Pianura Padana. Il pendio del terreno favorisce, pro-tetto da un bastione, l'inserimento dei parcheggi interrati.

●

A new health spa is to be situated in the foothills south of the city of Reggio Emilia, in an area full of sulphur-rich springs and an existing golf course. The development will consist of a hotel, thermal baths, 20 residences and a small church. The project is laid out as a small urban quarter along a winding road, protecting against the cool sou-thern wind that descends from the Apennines into the Po River Valley. The sloping site accommodates underground parking behind a large bastion-like retaining wall.

# VILLA BORELLI

Sur un haut plateau entre collines et vignoble, sur un territoire réputé depuis long-temps pour son cépage Sauvignon, se trouve un ensemble de bâtiments, entouré de champs et bordé d'un petit chemin. Diverses constructions forment le bâti : la villa du maître, de style classique avec sa grande loggia orientée vers le crépuscule, et les autres plus rustiques, des caves aux communs, faites de murs de pierre et de brique, au caractère résolument vernaculaire.

•

Su di un altipiano tra le colline di un vigneto, in un territorio da tempo noto per la coltivazione del Sauvignon, si colloca un insieme di edifici, tra la campagna e una pic-cola strada. Diverse costruzioni compongono l'edificato : la villa padronale con una grande loggia verso il tramonto parla un linguaggio più classico, gli altri fabbricati più rustici, dalla cantina alle residenze di servizio, con murature a vista in pietra e mattoni, hanno un carattere spiccatamente vernacolare.

•

Set on a high plateau, amidst the hills and vineyards of a region long-known for its cultivation of Sauvignon grapes, the Villa Borelli consists of a series of buildings placed adjacent to surrounding fields and a winding country road. The site consists of both a classically designed villa – whose large west-facing loggia captures the sunset – and a group of rustic buildings (winery and service functions) whose walls are made of brick and stone, providing a decidedly vernacular contrast.

# L'ALTANELLA DI VILLA CANALI

À l'extrémité d'une vaste parcelle de champs, une grande maison, orientée à l'ouest, domine avec son porche et sa loggia le jardin qui se prolonge sur un grand terrain verdoyant. Il s'agit d'une typologie usuelle pour les équipements résidentiels situés en dehors de la ville qui, par leur présence, dessinent un équilibre harmonieux entre environnement naturel et architecture. «L'altanella» – petite tourelle –, belvédère sur les toits, définit l'aspect de la maison.

•

In fondo ad un'ampia porzione di campagna, rivolta verso Ovest, una grande casa si affaccia con porticato ed una loggia sovrapposta verso il giardino che continua con il terreno verde circostante. E' una tipologia consueta per le residenze fuori città che con la loro presenza hanno disegnato l'armonioso equilibrio tra ambiente naturale ed architettura. L'altanella, piccola torretta belvedere sui tetti, ne caratterizza l'aspetto.

•

The Villa Canali is situated at the far end of a series of fields, facing west with a loggia and porch overlooking the surrounding countryside. It is a common house type for those seeking to live outside of the city that establishes a harmonious balance with the natural landscape. The "altanella" – a small turret-belvedere on the roof of the house – is the defining characteristic of the villa.

# ISOLATO SANT'ANNA

FORNOVO DI TARO

Pier Carlo Bontempi & Maurice Culot

Face à l'hôtel de ville, réalisé dans les années 1920 d'après un projet d'élargissement du noyau historique de Fornovo, se dressait un bâtiment scolaire, abandonné, placé au centre d'un lotissement. Pour le remplacer, trois bâtiments ont été réalisés, alignés le long de la rue, recomposant le tissu urbain à l'intérieur de l'îlot par la réalisation d'une petite place et de l'agrandissement du jardin devant la mairie.

•

Di fronte al Palazzo Comunale, edificato negli anni '20, secondo un progetto di ampliamento del nucleo storico di Fornovo, sorgeva un edificio scolastico, ormai abbandonato, posto al centro di un lotto. In sostituzione di questo sono stati realizzati tre edifici allineati lungo il fronte stradale, che ridisegnano il tessuto urbano ricomponendo la quinta edificata con una piccola piazzetta all'interno ed un ampliamento del giardino antistante il Municipio.

•

An abandoned school building stood opposite the 1920's Town Hall of Fornovo di Taro (part of the expansion of the historic centre), occupying the core of a city block named after St. Anne. In order to revitalize the urban context, the school was replaced by a new block of three mixed-use buildings that lined the main street. The new development contained a smaller square within the block and extended the garden opposite the Town Hall, thereby successfully transforming the immediate urban fabric.

# BORGO DI FONTANAMORA

VARANO MELEGARI

Dans une zone industrielle abandonnée, aux abords d'un petit village érigé autour d'un château du XVᵉ siècle, un ensemble d'édifices forme un bourg parcouru par une route ascendante. Les maisons, regroupées entre elles, s'ouvrent sur la campagne environnante et, grâce à leurs loggias et leurs porches, offrent une vue panoramique sur le château. Il s'agit de résidences dessinées avec simplicité, réalisées avec des matériaux traditionnels et possédant souvent un potager.

•

In un'area industriale dismessa ai margini di un piccolo paese sorto attorno ad un castello del XV sec., un gruppo di edifici forma un borgo lungo una strada in salita che lo attraversa. Le case addossate le une alle altre si aprono con logge e porticati verso la campagna circostante e verso la vista più importante, quella del Castello. Sono residenze dal disegno molto semplice, spesso con un orto, realizzate con materiali tradizionali.

•

The Borgo di Fontanamora is situated in an abandoned industrial zone on the edge of a small village. The development consists of a small group of houses, lining a road that leads down to a nearby XVth-century castle. The houses, with their open loggias and porches, are oriented towards the panoramic view of the surrounding countryside and, more importantly, the castle below. The houses are simple in design, built of traditional materials, often containing small herb gardens.

# CORTE DI VIA COLLEGATI

FORNOVO DI TARO

Pier Carlo Bontempi & Ludovico Celato

Un îlot dans le centre historique de Fornovo, près du dôme roman, avait été partiellement détruit par les bombardements de la Deuxième Guerre mondiale. Une intervention dans les années 1950 transforma le bâtiment et en modifia intégralement son caractère. Il fallut donc recomposer à nouveau l'unité de l'îlot avec sa grande cour intérieure, en reconstruisant le bâtiment bombardé et en redéfinissant correctement la répartition typologique des différentes maisons avec leurs façades, leurs escaliers et leurs divers styles constructifs.

•

Un isolato nel Centro Storico di Fornovo, accanto al Duomo Romanico, era stato parzialmente distrutto dai bombardamenti della II guerra mondiale. Un intervento edilizio di trasformazione negli anni '50, ne aveva poi completamente cambiato il carattere. E' stato così necessario ricomporre l'unità dell'isolato con la grande corte interna, ricostruendo l'edificio bombardato e ricomponendo la corretta suddivisone tipologica delle diverse case con facciate, corpi scala e caratteri edilizi diversi.

•

The Via Collegati in the historic centre of Fornovo di Taro, near the town's Romanesque cathedral, suffered great damage during the Second World War. The 1950's reconstruction of the site resulted in a character drastically different from that of the pre-existing context. The new block contains a large interior courtyard and provides a more precise distribution of building façades, volumes, and stairwells. The scheme employs a diverse range of building materials and methods of construction, typical of Fornovo di Taro.

47

# BORGO SANTA COSTANZA

Quatorze maisons, à la fois distinctes et reliées les unes aux autres, composent un petit ensemble résidentiel qui cherche à s'inscrire de façon harmonieuse dans le paysage vallonné. Les divers matériaux et les différentes couleurs des enduits, inspirés par la tradition locale, donnent à chaque bâtiment un caractère particulier et permettent aux habitants de s'identifier à leur maison : une possibilité aujourd'hui rare dans les nouvelles banlieues anonymes.

•

Quattordici case distinte e nello stesso tempo legate tra loro, compongono un piccolo insieme di abitazioni che cerca di inserirsi in modo armonioso nel paesaggio collinare. I diversi materiali, i colori differenti degli intonaci, comunque ripresi dalla tradizione locale, danno ad ogni edificio un proprio carattere e consentono agli abitanti di identificarsi con la propria casa: una possibilità oggi assai rara nelle nuove periferie anonime.

•

The Borgo Santa Costanza consists of fourteen residential units – each individual, yet loosely connected to one another – composed in a way that fits harmoniously into the existing hillside. Inspired by local tradition, the development employs a variety of building materials and colours. Each building is therefore given a particular character that enables its owners to identify with it : a rare luxury in today's anonymous suburbs.

# PLACE DE TOSCANE

VAL D'EUROPE

Pier Carlo Bontempi & Hertenberger-Vitry

Au Val d'Europe, sur le territoire de Marne-la-Vallée, entre un grand centre commercial et la place de l'Hôtel de Ville, sera érigé un îlot de forme carrée avec à l'intérieur une place en ellipse, aux dimensions identiques à celles de l'amphithéâtre romain de Lucca. Une suite de bâtiments, tous différents les uns des autres bien qu'inspirés de l'architecture locale d'Île-de-France, est conçue avec une sensibilité et une harmonie propres à l'architecture italienne.

●

A Val d'Europe, nel comprensorio di Marne-la-Vallée, tra un grande centro commerciale e la piazza del Comune, sorgerà un isolato di forma quadrangolare con all'interno una piazza ellittica delle dimensioni dell'anfiteatro romano di Lucca. Una sequenza di edifici tutti diversi tra di loro, ma nello spirito dell'architettura locale dell'Île de France, è progettata con la sensibilità e l'armonia propri dell'architettura italiana.

●

The project is situated in the Marne-la-Vallée district of Val d'Europe, between a large commercial centre and the Town Hall square. The scheme consists of a rectangular block of buildings whose centre contains an elliptical piazza similar in dimension to the Roman amphitheatre in Lucca. The various buildings, each different in character, are inspired by the local architecture of the Île-de-France, and designed with an architectural sensitivity and harmony that is distinctly Italian.

# STUDIO BONTEMPI

Pier Carlo Bontempi est né en 1954 à Fornovo di Taro, près de Parme. Après des études d'architecture à l'université de Florence, il enseigne à la faculté d'architecture de Florence, à l'École spéciale d'architecture de Paris, à l'université Syracuse de New York (siège de Florence), à la Staatliche Akademie der Bildenden Kunst de Stuttgart, à la faculté d'architecture de Venise et à l'institut d'architecture du Prince de Galles à Londres.

Entouré de ses collaborateurs, Massimo Gandini, Giuseppe Greci, Ettore Brunetti, Fabio Paoletti, Michael Harris, Maria Catalina Martinez, Maria Cristina Celato, il dirige l'activité du Studio Bontempi à Gaiano, dans la campagne proche de Parme.

Le studio réalise des projets d'architecture en vue d'édifier des constructions neuves de nature traditionnelle. Il intervient également sur des projets de restauration et de reconstruction, des recherches à caractère théorique, des études de faisabilité et de planification urbaine.

Bontempi a remporté le concours national pour la récupération des îlots du centre historique de Parme (1981-1987). Il a reçu le deuxième prix au concours pour la requalification urbaine de « Marsham Street » à Londres (1996). En 1998, il a reçu le Prix Européen de la Reconstruction de la Ville organisé par la Fondation Philippe Rotthier pour l'Architecture. Il s'est vu décerner en 2000 la John Burgee Annual Lecturer de l'université de Notre-Dame aux États-Unis. Il remporte en 2001 le Charter Awards of the New Urbanism, CNU IX, New York City, USA et, en 2002, le concours pour la réalisation de la place de Toscane au Val d'Europe, dans la nouvelle ville créée à l'initiative d'Euro Disney à proximité de Paris.

Pier Carlo Bontempi, nato nel 1954 a Fornovo di Taro (Parma), si è laureato in architettura all'Università di Firenze. Ha svolto attività didattica alla Facoltà di Architettura di Firenze, all'Ecole Speciale d'Architecture di Parigi, alla sede di Firenze della Syracuse University di New York, alla Staatliche Akademie der Bildenden Kunst di Stuttgart, alla Facoltà di Architettura di Venezia ed al Prince of Wales's Institute of Architecture di Londra.

Con i suoi collaboratori, tra cui Massimo Gandini, Giuseppe Greci, Ettore Brunetti, Fabio Paoletti, Michael Harris, Maria Catalina Martinez, Maria Cristina Celato, svolge l'attività professionale nello Studio Bontempi a Gaiano, nella campagna vicino a Parma. Lo Studio Bontempi si occupa di progetti architettonici per nuove costruzioni di natura tradizionale, oltre ad interventi di restauro e ricostruzione. Svolge inoltre lavori teorici, studi di fattibilità e di pianificazione urbana.

Ha vinto il concorso nazionale per il piano di recupero di isolati del centro storico di Parma (1981-1987) - ha ricevuto il secondo premio al concorso internazionale "Marsham Street" Urban Design Competition a Londra (1996) – ha vinto il Prix Européen de la Reconstruction de la Ville, Fondation Philippe Rotthier pour l'Architecture di Bruxelles (1998) – ha ricevuto la John Burgee Annual Lecture dell'Università di Notre Dame, USA (2000) – ha vinto il Charter Awards of the New Urbanism, CNU IX, New York City, USA (2001) – ha vinto il concorso ad inviti per la realizzazione di "Place de Toscane" Euro Disney a Val d'Europe, Parigi (2002).

P Pier Carlo Bontempi was born in 1954 in Fornovo di Taro (Province of Parma), and studied architecture at the University of Florence. As an academic, he has taught at the School of Architecture in Florence, the Ecole Speciale d'Architecture in Paris, the Syracuse University Florence Program, the Staatliche Akademie der Bildenden Kunst in Stuttgart, the School of Architecture in Venice, and the Prince of Wales's Institute of Architecture in London.

Professionally, he heads the Studio Bontempi in the countryside of Gaiano, near Parma, with his colleagues Massimo Gandini, Giuseppe Greci, Ettore Brunetti, Fabio Paoletti, Michael Harris, Maria Catalina Martinez and Maria Cristina Celato. The studio principally carries out architectural projects with the goal of constructing new buildings in a traditional manner. The studio also engages in restoration and reconstruction projects, theoretical and feasibility studies, and urban planning.

Bontempi received a national award for the restoration of the historic centre of Parma (1981-1987), and was given second prize in the competition for the urban redevelopment of Marsham Street in London (1996). In 1998, he received the European Prize for the Reconstruction of the City, organised by the Philippe Rotthier Foundation for Architecture in Brussels. In December 2000, he delivered the John Burgee Annual Lecture at the University of Notre Dame School of Architecture in the United States. In June 2001, Bontempi received a Charter Award at the Congress for the New Urbanism's annual conference (CNU IX, New York). Most recently, he won the competition for the building of the Place de Toscane in Val d'Europe, a new town created on the outskirts of Paris under the direction of Euro Disney (2002).

Texte en anglais de / Testo in inglese di / English text by *Victor Deupi*

En couverture / In copertina / Cover: *Borgo Santa Costanza*
Photographie de / Fotografia di / photograph by *Marco Buzzoni*

ARCHIVES D'ARCHITECTURE MODERNE

Conception graphique: La Page, Bruxelles
Impression: Beto, Barcelone, Espagne - Achevé d'imprimer en deux mille quatre
Éditions: Archives d'Architecture Moderne
Rue de l'Ermitage 86 – 1050 Bruxelles    http://www.aam.be
Dépôt légal: D/2004/1802/1    ISBN: 2-87143-144-2